LES

CARMÉLITES

DU MANS

SIMPLE COUP D'ŒIL

SUR L'ORDRE DES FILLES DE SAINTE TÉRÈSE

SON BUT ET SON UTILITÉ

APPEL

A LA BIENFAISANCE DES PERSONNES DEVOUÉES

AUX COMMUNAUTÉS RELIGIEUSES

—

1853

LES CARMÉLITES DU MANS.

Parmi toutes les bonnes œuvres que l'on peut proposer à l'inépuisable charité des catholiques, il en est une qui n'est pas la moins utile, ne craignons pas de le dire, quoiqu'elle soit assez peu comprise généralement. C'est celle qui a pour objet de fonder ou de soutenir les maisons religieuses, asiles sacrés pour les âmes pures qui aiment à se tenir proche de Dieu, port assuré de ceux qui sont fatigués des tempêtes de la vie et des agitations du monde, ressource certaine pour les besoins incessants de la société et pour toutes les souffrances de la terre.

C'est là, en effet, qu'on présente au Ciel des supplications et des prières ferventes ; c'est là que la mise en commun des actes de piété, des sacrifices, des saints exemples, forme un trésor qui, en vertu du principe de la réversibilité des mérites, profite à tous. Or, dans quel temps devons-nous aspirer avec plus d'ardeur vers ces précieux avantages, si ce n'est dans les jours où nous vivons? Pouvons-nous aujourd'hui ne pas voir la main de Dieu dans des calamités qu'il serait imprudent et coupable d'exagérer, sur lesquelles, toutefois, il est permis de faire cette réflexion : La foi et le raisonnement nous conduisent facilement à croire que la perturbation actuelle dont nous souffrons, se fera sentir tant que la société ne sera pas redevenue chrétienne!... Nous ajouterons une autre remarque : c'est l'insuffisance de la science humaine pour remédier à des maux que chaque année étend et aggrave!... N'en soyons pas surpris; quand les éléments créés pour l'usage et le service de l'homme, semblent conjurés contre lui, n'est-ce pas Dieu qui les laisse agir ou les retient à son gré, pour accomplir ses desseins de justice ou de clémence? Est-ce bien là cependant notre pensée sur la Providence, lorsque nous ne tendons à rien moins qu'à l'exclure du gouvernement humain, comme si l'Arbitre souverain de nos destinées pouvait mettre entre les mains du hasard la prospérité ou l'adversité de ses enfants?

Ah! plutôt, sans demander à la science ce qu'elle ne peut donner, sans attendre plus longtemps le résultat de nouvelles et stériles recherches sur les causes des différents fléaux qui désolent nos campagnes, recourons avec empressement et confiance au Maître des éléments, à celui qui frappe souvent plutôt en père, dont le cœur a besoin de pardonner, qu'en juge irrité, qui veut tirer vengeance du crime ou d'une coupable indifférence.

Soit donc qu'à travers le voile qui cache le sens mystérieux de la conduite de Dieu sur nous, nous aimions à y découvrir des vues de miséricorde et d'amour; soit que la menace du châtiment excite nos alarmes, tournons nos regards vers ces maisons de prières et d'héroïques vertus, qui seront notre salut, ou qui acquitteront la dette de notre reconnaissance. Soutenons-les de tous les efforts de notre foi et des aumônes de notre charité. De tant de maux suspendus sur nos têtes, il en est un qui nous semblerait plus déplorable que tous les autres, ce serait l'obstination à y chercher un remède en dehors de la bonté du Seigneur et d'un vrai renouvellement dans l'esprit et les devoirs du christianisme.

Voilà pourquoi nous nous sentons pressé d'appeler l'attention de tous les gens de bien et spécialement de ceux qui sont dévoués aux communautés religieuses, sur une de ces maisons saintes digne à tous égards d'être protégée et secourue, la maison des Carmélites du Mans.

Depuis leur établissement dans cette ville, en 1830, les pieuses filles de sainte Térèse n'avaient pas un abri suffisant; elles étaient privées de lieux réguliers, de cellules, d'infirmerie, et surtout de chapelle. Forcées d'agrandir leur maison, elles ont dû songer aussi à élever un pieux sanctuaire. Presque sans autres fonds, sans autres ressources que leur foi, elles ont bâti leur église et les parties les plus essentielles d'un monastère. Mais on peut dire que c'est par une suite de privations déjà subies ou à subir longtemps encore, que ces constructions si opportunes viennent d'être achevées ; privations qui augmenteront l'austérité et la pénitence volontaire que les Religieuses Carmélites embrassent par leur sainte profession. Après avoir tout abandonné pour suivre Jésus-Christ, elles ne s'effraieront pas d'un jeûne plus rigoureux, de travaux plus assidus, qui les aideront à remplir les engagements qu'elles ont contractés. Se consumant comme un holocauste de piété, de justice et d'amour, et payant ainsi leur dette à Dieu, elles s'efforceront de s'acquitter envers les hommes, au prix de tous les renoncements. Les Carmélites saisissent volontiers les occasions de sacrifices. C'est au milieu de mortifications de toute espèce que se passe leur vie.

Pénétrons-en la raison; nous connaîtrons mieux les humbles Cénobites dont nous voulons parler.

Le divin Rédempteur avait dit en présence de ses apôtres : *Mon Royaume n'est pas de ce monde*, et non content de formuler cette auguste vérité, il voulut la sceller de son sang précieux, et que ce sang, versé goutte à goutte pour le salut du monde, nous traçât, pour ainsi dire, la voie qui seule peut conduire à cet autre monde, siége du Royaume éternel, qu'il a promis aux justes. Les préceptes de sa sublime doctrine n'eurent pas d'autre but. Tous les actes de sa vie mortelle, depuis sa naissance jusqu'à sa mort, furent des exemples qu'il proposa, dans cette vue, à notre imitation. Sa pauvreté, sa résignation, ses abaissements, les souffrances et les angoisses de sa mort, étaient de hauts enseignements ; sa flagellation, le fiel dont on l'avait abreuvé sur la croix, les épines dont on l'avait couronné, et toutes les autres circonstances de son divin sacrifice, offraient autant de symboles éloquents du caractère sacré qui devait distinguer, partout et toujours, ceux qu'il appelait à marcher après lui dans la route du Calvaire.

Il est donc manifeste que, pour accomplir plus parfaitement la loi du Christ, pour mériter les magnifiques récompenses promises aux disciples généreux, il faut, autant que le permet la faiblesse de la nature, reproduire en soi la vie et la mort de l'Homme-Dieu.

C'est de ce principe de sanctification, principe qui constitue la base de toutes les vertus évangéliques, que sont émanées les règles des divers Ordres religieux. Plus ces règles sont austères, plus elles sont conformes à l'esprit de pénitence enseigné par le divin Maître, plus aussi les âmes qui s'y soumettent avec amour, se rapprochent de la perfection du céleste modèle.

Ceci nous ramène tout naturellement à l'Ordre du Carmel, qui se distingua dans tous les temps par le régime rigoureux en vigueur dans ses monastères. Quelques détails à ce sujet pourront être un motif d'édification pour nos lecteurs. Nous les empruntons à la vie d'une femme que ses nombreux mérites ont placée au rang des plus grandes saintes. Il ne faut que nommer l'illustre Térèse pour donner une grande idée de la vertu et de la perfection religieuses.

Nous voudrions dire quelque chose des faveurs que Dieu a répandues sur cette âme altérée du ciel, et qui, presque au sortir de l'enfance, après quelques années données au monde, aspira à la montée âpre et dure qui mène aux sources vives de la Jérusalem céleste. On les connait par l'histoire de sa vie qu'elle composa pour obéir à la volonté de son confesseur, et où sentiments, pensées, images, rien n'est cherché, rien n'est mis pour plaire; cette vie tant de fois prise, et souvent même reprise, sans avoir eu le temps de relire ses derniers feuillets; narré ingénu, où l'on peut apprécier le génie et le cœur de Térèse, dans les épanchements de cette candeur naïve qui méritent si bien le titre de *Confessions*. Ce ne sont pas, toutefois, les vaines agitations d'une âme indécise entre Dieu et le monde, qui remplissent ces pages; ce sont les récits, et de sa ferveur enfantine, et de son adolescence, où la coquetterie mit un instant le pied, sans laisser une seule trace, et de son entrée dans la vie religieuse qui fut pour elle si féconde en grâces extraordinaires, et des maladies aiguës qui ont éprouvé sa longue patience.

Térèse prit le voile des Carmélites à 22 ans, dans le monastère d'Avila, et dès lors, entièrement vouée à son divin Époux, elle n'eut plus qu'une pensée unique, celle de s'élever à la connaissance de cet excellent Maître, par l'oraison, et de bien apprendre dans cette sorte d'étude ce qu'elle avait à faire pour se rendre digne de lui. « Il semblait, comme le dit un de ses panégyristes, que les livres de l'éternité lui fussent ouverts. Elle eut une claire intelligence des grandeurs adorables du Verbe fait homme, des richesses inépuisables de sa sagesse, des trésors merveilleux de sa grâce, et de l'impression que fait son Esprit sur les âmes qui lui sont soumises... La terre lui était devenue comme un lieu d'exil; sa conversation était dans le ciel. C'est là (dans l'oraison) que, s'élevant au-dessus de toutes les choses sensibles, elle va chercher Dieu comme la source de toute perfection et de toute beauté, le considère comme l'origine de tout bien, l'embrasse comme le principe de vérité et de bonté, s'abîme dans la contemplation de son immensité et de sa majesté, tantôt par les ravissements, les transports et les extases, où son corps demeurait suspendu et immobile, tantôt par les réflexions au moyen desquelles son esprit, s'unissant à Dieu, ne laissait presque aucun usage à ses sens... »

Puissants et admirables effets de l'oraison ! Par elle, Térèse apprit à descendre de la grandeur de Dieu, au détachement et au mépris de toutes les choses de ce monde; par elle, la vierge d'Avila comprit que la croix est le signe de l'alliance ineffable qui unit les âmes à Jésus-Christ; par son secours, elle acquit, elle, faible femme, la force d'embrasser les austérités que des hommes n'eussent pu considérer sans effroi.

Ainsi préparée, Térèse s'occupa avec ardeur de la réalisation d'un projet pieux que Dieu lui avait mis au cœur. Depuis longtemps, elle nourrissait le désir d'élever de nouvelles maisons de son Ordre et de le réformer; « étant bien raisonnable, disait-elle, que, pendant que les ennemis de Jésus-Christ (les luthériens) ruinaient les temples que la piété des fidèles lui avait dédiés, on en bâtît de nouveaux pour réparer son honneur. »

Ce fut dans les souffrances d'une maladie périlleuse, qu'elle s'engagea au vœu d'observer la règle qu'elle avait embrassée, dans toute sa rigidité primitive, et de fonder un monastère où l'on pût mourir au monde dans la pauvreté, la mortification, le travail et la solitude renouvelés de l'antique Carmel. De nombreux obstacles vinrent traverser ses desseins. Il fallut que Térèse soutînt tout à la fois les contradictions de son Institut et de ses propres directeurs, en même temps que l'opposition des magistrats des villes qu'elle parcourait, presque toujours accablée de maladies, bravant les mépris, les rebuts du monde, des dangers même de toute espèce, mais ne cessant d'espérer en Celui qui ne trompe jamais les âmes confiantes dans ses divines promesses... D'ailleurs, *rien ne pèse à l'amour, rien ne lui coûte; il tente plus qu'il ne peut*; *jamais il ne prétexte l'impossibilité... Et, à cause de cela, il peut tout, et il accomplit beaucoup de choses qui fatiguent et qui épuisent vainement celui qui n'aime point.*

Enfin, après mille traverses de tous genres, la foi, cette

puissance merveilleuse qui transporte les montagnes, vint couronner les travaux de l'infatigable Térèse... Toutes les difficultés s'aplanirent devant elle; et, secondée par les Antoine de Jésus et les Jean de la Croix, hommes vraiment évangéliques, dont le Ciel avait enrichi l'Espagne au XVIe siècle, elle put faire refleurir la primitive austérité sur les hauteurs du Carmel qu'elle venait d'arroser de ses sueurs.

Elle commença l'accomplissement de son projet de réforme, dans une petite maison qu'elle acheta secrètement et qu'elle plaça sous l'invocation de saint Joseph. Elle y donna le voile à douze Religieuses qui embrassèrent avec des larmes de joie le vœu de n'avoir que la Providence pour nourrice, qu'une froide sandale pour chaussure, une planche mal garnie de paille, en guise de lit; d'accorder huit mois sur douze aux rigueurs du jeûne, et de renoncer dans les autres à la chair des animaux, si ce n'est dans l'impérieuse nécessité des maladies.

Bientôt le parfum de sainteté répandu autour du nouveau monastère inspira à d'autres villes le désir de posséder une maison de la réforme, et dans peu d'années, Medina del Campo, Valladolid, Séville, Palencia, Ségovie, Burgos, Salamanque, purent se glorifier d'un couvent fondé par sainte Térèse elle-même. Elle avait donc la joie de voir se développer et fructifier l'œuvre qui fait sa gloire, en même temps qu'elle est la consolation de l'Église.

Cependant, tous les obstacles nécessaires aux saintes épreuves de cette grande âme, ne devaient pas disparaître pour toujours. Obligée de lutter contre la vieillesse et contre une fièvre chronique, lorsqu'elle avait à franchir la distance des lieux, à vaincre toutes les difficultés des voyages, à subir les ardeurs de l'été et les rigueurs de l'hiver, elle vint encore fonder à Tolède une maison de son Ordre, n'ayant pour s'y établir qu'une seule couverture et deux paillasses. On rapporte que dans la nuit, cédant à la puissance du froid, comme elle priait ses compagnes de la couvrir davantage : « Pouvez-vous être mieux, ma mère, répondit l'une d'elles, puisque vous avez sur vous toutes les couvertures du couvent? » Et cette saillie fut répétée par toutes, avec cette gaieté dont Térèse exigeait que ses filles tempérassent la sainte austérité du cloître.

Avant la mort de notre Sainte, par ses soins et par ses efforts, trente-deux monastères s'étaient élevés sur les bases de sa réforme, dans les principales villes de l'Espagne.

Ses forces étaient épuisées, mais elle n'en continuait pas moins les pratiques de la mortification, de la patiencc et de la pauvreté; et comme on lui demandait, dans la dernière maladie qu'elle fit à Albe-de-Tormez, si, dans le cas où Dieu disposerait de son âme, elle désirait que sa dépouille fût transportée à son couvent d'Avila : « Hélas! ai-je rien ici-bas qui m'appartienne, répondit-elle, et n'aura-t-on point la bonté de me prêter ici un peu de terre! »

Dans cette maladie, tout son corps était comme privé de vie, hormis ses yeux et sa langue; mais quand on lui apporta sous le voile de l'Eucharistie son Époux mystique, dans l'attente duquel son cœur consumé d'amour avait tant de fois soupiré, la vue de son Dieu sembla ranimer ses membres paralysés, son visage parut s'embellir, et ses mains tendues, pour ainsi dire, avec les vœux de son cœur mourant, vers Celui qui a dit : *Je suis la vie*, elle s'écria : « Venez, Seigneur! l'heure est donc arrivée où je vais sortir de cet exil! »

Le jour de sa mort, depuis 7 heures du matin jusqu'à 9 heures du soir, appuyée sur le bras d'une Carmélite, elle tint constamment les yeux attachés sur son crucifix. Elle était encore dans cette attitude, lorsque son âme, enfin délivrée, alla contempler éternellement face à face le divin objet de ses saintes affections, Celui à qui, dans ses élans d'amour, elle ne cessait de répéter : *Ou souffrir, Seigneur, ou mourir !*

Maintenant, laissons cette vierge pure, digne du nom de vierge séraphique, sur les marches du trône éternel, où le divin Sauveur a pu dire à son Père, en la lui présentant : « Je vous rends celle que vous m'avez donnée. » Et pour juger de l'heureuse influence que cette vie admirable exerça et continue encore d'exercer sur le monde, entrons pour un moment dans un monastère du Carmel.

C'est là que l'on voit des miracles de renoncement à soi, d'abnégation et de souffrances volontaires. Là, de jeunes filles, souvent élevées dans toutes les délicatesses de l'opulence, embrassent la pauvreté avec toutes ses privations, la pénitence avec toutes ses rigueurs. Elles viennent mourir à elles-mêmes, et s'ensevelir comme dans un tombeau, en se dépouillant de leur propre volonté. Térèse leur en a donné l'exemple et le précepte.

Voyez comme elles obéissent avec humilité et avec zèle à tous les ordres qu'elles reçoivent ! Elles tenteraient l'impossible, si l'impossible pouvait leur être commandé; c'est que la voix des supérieurs, a dit la Réformatrice, est la voix de Dieu.

Cette obéissance absolue, sans réserve aucune, est en rapport avec la fin de l'Ordre du Carmel, qui est d'honorer l'Incarnation et les anéantissements du Sauveur Jésus, *obéissant jusqu'à la mort et à la mort de la croix*...

Ce n'est pas tout; le but de cet Ordre est encore de prier pour les pécheurs, de s'offrir incessamment pour eux à la justice divine, et de suppléer par une vie austère et crucifiée à la pénitence qu'ils ne font pas. En sorte qu'une Carmélite est chargée de continuer et de compléter, suivant les paroles de saint Paul, l'œuvre de la médiation de Jésus-Christ. C'est une voix qui doit crier sans cesse vers le Seigneur pour obtenir miséricorde; une interprète donnée aux besoins et aux maux de tous pour en solliciter le soulagement; une hostie enfin, que l'amour consume pour la réparation des outrages faits à la divine Majesté, et pour attirer sur les coupables des regards de clémence et des grâces de conversion.

Cette fin, qui peut la remplir, si ce ne sont des âmes généreuses, capables de mourir au monde et aux plus douces affections de la nature; des âmes mortifiées et résolues de chercher leur repos au pied de la croix; des âmes zélées, qui se renoncent elles-mêmes et se substituent courageusement à la place du divin Rédempteur désormais impassible, pour être immolées comme lui à la gloire de son Père et au salut du monde?

Pour ne rien omettre sur la fin de l'ordre du Carmel, ajoutons que son esprit est un esprit de solitude. Il demande donc des âmes qui aiment la retraite, l'oraison, le silence; qu'une clôture rigoureuse ne déconcerte pas; qui fassent leurs délices d'être cachées aux yeux des hommes et de travailler loin de tous les regards à la perfection la plus élevée.

Mais nous connaîtrons mieux encore les traits qui caractérisent l'Ordre réformé par sainte Térèse, si nous avançons sous ces modestes cloîtres où règne tant de calme et de paix... Il n'est point à craindre qu'ici le temps se consume en jouissances humaines, en dissipations frivoles, en conversations oiseuses ou médisantes. Pour délassement de la discipline et des exercices de la Religion, les Carmélites ont le travail des mains, dont la vieillesse et les infirmités peuvent seules les dispenser. Et puis, comme ces vierges chrétiennes sont ingénieuses à réunir en elles le mérite de la pauvreté et celui de la souffrance ! Considérez leurs vêtements : qu'ils sont différents de ces parures mondaines dont les raffinements ne servent que trop souvent à corrompre les âmes ! Sous ces habits d'étoffe grossière et vile, les filles du Carmel portent des cilices parsemés de nœuds. Tel est le luxe qu'elles se permettent ; tels sont les soins, les attentions minutieuses qu'elles prennent pour plaire à Jésus mort pour nous sur la croix.

On a dit : Les Carmélites se soumettent à des rigueurs exagérées. On se récrie contre des pratiques que l'inexplicable folie de la croix impose à la faiblesse de ces pieuses femmes. On s'en prend à l'état de vie qu'elles ont embrassé. Après les avoir plaintes, après les avoir accusées, on condamne leur sainte vocation comme un hors-d'œuvre en notre siècle.

Bien loin d'être dans la grande famille chrétienne un membre inutile, ainsi que le prétend le monde, l'héroïque Sœur du Carmel devient, et sera toujours, le supplément, la médiatrice, la sauvegarde de ses frères devant le Seigneur. Si elle quitte le siècle, ses joies et ses fêtes, ce n'est pas pour oublier ceux qu'elle y a laissés ; elle emporte dans la retraite la pensée de leurs dangers, de leurs nécessités, de leurs dettes contractées envers la justice du Très-Haut, afin de consacrer sa vie à prier pour ceux qui ne prient pas, à se sanctifier en vue de ceux que les affaires et les embarras du siècle détournent du soin de leur âme; afin de s'immoler chaque jour, comme une victime d'expiation, pour les péchés de tous.

Ainsi, tandis que le monde consume ses jours dans la poursuite de la fortune et des honneurs, ses nuits dans l'effervescence du plaisir; tandis qu'il dépense son temps, sa santé, ses talents, à demander d'indignes jouissances à toutes les créatures, des anges terrestres le couvrent de leurs ailes, pour empêcher que Dieu méconnu, et justement irrité, n'appesantisse sur lui le bras de sa vengeance.

Nous ne les voyons pas plus, ces anges protecteurs, que ceux qui sont nos gardiens et nos guides sur la route du Ciel. Une double grille, un épais rideau noir laisse à peine arriver jusqu'à nos oreilles les accents lents et plaintifs de leurs chants qui ressemblent à un perpétuel adieu. Toutefois, entendez ces voix douces et graves, interrompant les silences du cloître, pour crier vers le Seigneur; s'élevant comme un concert pur et suppliant vers le trône de l'Agneau, afin de faire descendre sur les méchants comme sur les bons ces grâces divines qui pardonnent, qui sanctifient et qui consolent!

Que le monde connaît peu ses sauveurs !... C'en serait fait peut-être depuis longtemps de la foi et de la civilisation de notre patrie, si la main miséricordieuse de la Providence n'y avait conservé et multiplié tant de communautés ferventes ! Semblables à ces hautes montagnes dont les flancs intarissables recèlent et versent dans les vallées les eaux bienfaisantes qui les fécondent; ainsi elles amassent dans leur sein des trésors de mérites et de grâces, pour les répandre avec profusion sur le monde, qui les paie de son indifférence et de ses dédains !

Qu'on dise donc encore : les Carmélites sont inutiles.

Écoutez : à l'heure où, par une nuit d'hiver, obscure, humide, glaciale, ces saintes Religieuses vont s'agenouiller sur les dalles du chœur, pour prier; à cette heure, la femme mondaine se rend au bal, où les enivrements de l'amour-propre, l'éclat des lumières, les regards, les hommages, le tumulte soulèvent tout ce qu'il y a de passions dans le cœur. Lorsqu'elle en reviendra, fatiguée, incapable de réflexions sérieuses, retrouvera-t-elle facilement le repos et la paix de l'âme? Le besoin de l'agitation, le dégoût de tout ce qui est devoir, ne se fera-t-il point trop sentir en elle? Dans ce matin de la femme du monde, qui commence vers le milieu du jour, y aura-t-il du temps pour régler sagement l'ordre de sa maison ?

Voyez au contraire la pauvre Carmélite : après avoir goûté sur sa paille quelques heures de sommeil, elle a entendu la cloche qui l'appelle de nouveau à la prière. Elle se lève avec une sérénité qui paraît sur son front, et qui rappelle celle des esprits célestes. Le cœur, qui se développe sous l'influence perpétuelle du dévouement, ne s'use jamais. Considérez-la donc, cette âme forte et généreuse, se préparant chaque matin à sa vie d'expiation. Le Sacrifice du Calvaire, qui se renouvelle en sa présence, rappelle à sa mémoire tout ce que le Christ a souffert pour sauver les hommes, et lui met sans cesse devant les yeux la nécessité de s'immoler elle-même pour entrer dans ses vues. Elle n'hésite pas... Elle porte aussi au pied des saints autels, avec ses austérités, avec ses désirs d'expiation immenses comme les besoins du monde, toutes les tendresses et toutes les pensées qui resteront attachées à son existence, quelque part qu'elle soit; car, sachons-le bien, au Carmel, les souvenirs de la famille ont droit d'hospitalité; ils vivent palpitants dans tous les cœurs; et, sanctifiés, épurés par la foi, ils participent de l'inépuisable charité de Jésus-Christ. Cette fille de la Religion aimera donc toujours son père, sa mère, ses frères, ses sœurs; c'est le devoir sacré de la piété filiale et de la reconnaissance ! Ce sera aussi sa grande consolation, en vivant désormais loin du toit paternel. Obéissant à l'esprit de dévouement de sa vocation, comme au besoin de son cœur, elle saura s'oublier, pour offrir tous les jours au Seigneur l'encens de ses prières et de ses mortifications, en faveur des siens. Elle veillera sur chacun d'eux, du fond de sa retraite, pour garder leurs âmes contre les atteintes du péché, et, montant par l'ardeur de ses supplications jusqu'au trône de Dieu, elle en fera descendre sur tous la rosée des célestes bénédictions.

Oh! si les femmes mondaines savaient combien on puise au pied de la croix, de miséricorde, de bonté, d'affection pure; quelles sublimes et saintes inspirations descendent du Calvaire sur les âmes qui en connaissent le chemin; quelle force irrésistible on obtient, en méditant ces mystères d'amour, et en priant, elles n'iraient plus disperser dans des déserts arides ces trésors de sensibilité que le Ciel leur a départis, cet admirable instinct du dévouement qui constitue le plus beau privilége de leur sexe. On les verrait, se dégageant de la tyrannique influence du monde, rechercher la sainte liberté des enfants de Dieu, à laquelle leur titre de chrétiennes leur donne droit, mais qui ne s'acquiert que par le courage et l'abnégation. Dans la famille, épouses fidèles, elles porteraient la grâce des bons exemples, la douceur persuasive, capable d'amener au repentir et à la vertu ceux qui ne connaissent pas encore la touchante sainteté de la religion; mères pleines de sollicitudes, elles veilleraient avec les anges gardiens au berceau de leurs petits enfants; plus tard, ne perdant pas de vue leur avenir quelquefois si orageux, elles sauraient prier et trouver auprès du Dieu de charité cette invincible confiance qui ne désespère jamais. En un mot, au lieu d'abuser de leur existence, au lieu de passer peut-être en *faisant le mal*, elles avanceraient dans la carrière de la vie, les regards fixés sur la couronne d'immortalité qui les attend.

Un but aussi noble et aussi glorieux est-il compris des femmes qui ne vivent que de chimères? Pense-t-on que ce soit chose facile de faire entrer dans des esprits accoutumés aux futilités les plus vives, aux préoccupations les plus vaines, toute la sublime élévation de la morale chrétienne? Non, sans doute; mais s'il est un moyen d'y réussir, c'est de présenter au monde l'exemple de ces femmes héroïques qui, à l'accomplissement de la loi, ont réuni la pratique des conseils évangéliques les plus parfaits et les plus saints.

Pardonnez donc à la Carmélite les austérités et les sacrifices qu'elle s'impose; austérités et sacrifices dont la salutaire influence peut retremper les âmes, dont les mérites retombent sur des têtes coupables. Le martyre volontaire prouve que l'on peut au moins résister au mal, et témoigne de la force et de l'abnégation dont un cœur chrétien est capable.

Remercions le Seigneur qu'il y ait des Carmélites.

Et d'ailleurs, il est temps de le dire, personne n'y perd. Si l'on savait les joies dont le Ciel inonde les victimes qu'il accepte; si les regards arrivaient jusqu'à l'âme rayonnante qu'enferme ce corps rigoureusement traité; si quelque révélation venait dire à l'inexpérience ce que vaut le service le plus dur, en apparence, du plus doux des maîtres, oh! que l'on jugerait bien différemment l'état religieux! On se réjouirait d'être abrité par de pieuses et ferventes communautés. Après avoir compris ce qu'elles sont devant Dieu et pour les hommes, en reportant ses regards sur les excès du monde, sur ses crimes, que de réflexions ne ferait pas naître un pareil contraste!...

Au reste, malheur aux sociétés où l'on ne prierait pas, qui ne paieraient pas au Christ leur contingent de vertus ascétiques, de méditations saintes, de pénitences et de supplications!

Ainsi l'ont compris dans tous les temps les royaumes et les empires où fleurit la religion catholique.

Or donc, en effet, malgré sa rigidité, l'Ordre du Carmel prospéra rapidement. De l'Espagne, où elle avait commencé, la réforme de sainte Térèse alla porter ses semences dans presque toutes les provinces de la chrétienté... Un mot de la France seulement :

On sait que le premier monastère des Carmélites fut établi à Paris en 1604, par les soins du pieux cardinal de Bérulle et de Mme Acarie, qui embrassa elle-même cet austère institut sous le nom de *Marie de l'Incarnation*. Six Religieuses espagnoles, obtenues après bien des sollicitations, vinrent y apporter la règle de la réforme. De nobles familles fournirent les premières novices. En peu d'années, cet Ordre se multiplia dans notre patrie, et à la fin du XVIIe siècle, on y comptait plus de soixante maisons qui offraient les plus beaux exemples de renoncement au monde, de ferveur et d'attachement aux règles et aux statuts établis par la sainte Réformatrice.

On voit dans *l'Histoire de Bossuet* que cet illustre prélat prêchait souvent aux Carmélites de Paris. Le cardinal de Beausset fait remarquer que c'était à ces simples Religieuses, séparées du siècle par des barrières impénétrables, qu'il aimait le plus à se faire entendre. Il ajoute quelques détails que nous citons ici avec d'autant plus de plaisir, qu'ils entrent parfaitement dans notre sujet :

« C'était aux Carmélites que Bossuet avait prêché, le 8 septembre 1660, devant Anne d'Autriche et la jeune reine sa belle-fille, le sermon de la prise d'habit de Mlle de Bouillon de Château-Thierry, l'aînée des deux sœurs du cardinal de Bouillon, et dont la sœur cadette ne tarda pas à s'engager par les mêmes vœux. En 1664, il prêcha encore aux Carmélites, le sermon de la prise d'habit de la comtesse douairière de Rochefort.

« L'affection particulière qu'il portait à l'institut des Carmélites, était encore excitée par les grands exemples de religion et de piété que ce monastère donnait à la France; ce n'était pas dans l'enceinte de sa clôture intérieure qu'était renfermée leur utile et heureuse influence. Les personnes les plus distinguées par le rang et la naissance, avaient élevé autour de ses murs des maisons de retraite pour se recueillir avec plus de calme dans les pensées de la religion, en présence de tant de vertus. Ces espèces de colonies d'un genre si nouveau étaient l'objet du respect de ceux mêmes qui étaient le plus étrangers à la perfection des conseils évangéliques. Elles entretenaient un commerce de piété, d'instruction et de charité, dont tous les avantages tournaient au soulagement des malheureux, à la conservation des mœurs publiques et à l'honneur de la religion. C'était là que Turenne allait souvent déposer sa gloire et ses lauriers; c'était là que la duchesse de Longueville allait expier les erreurs de ses premières années; et la princesse de Conti, sa belle-sœur, s'entretenir dans la pratique des vertus chrétiennes, qu'elle illustra par de si nobles exemples et de si généreux sacrifices. »

On ne peut parler des Carmélites de cette époque, sans rappeler le nom d'une des plus touchantes héroïnes de la religion et du repentir, Mme de la Vallière. Conquise à la grâce par Bossuet qui la conduisit aux autels, elle passa trente-six années de sa vie, sous le nom de sœur *Louise de la Miséricorde*, dans les pratiques et les rigueurs de la règle de sainte Térèse.

En prêchant la cérémonie de sa profession, Bossuet avait dit à son brillant auditoire :

«... La vie chrétienne que je vous propose, si pénitente, si mortifiée, si détachée des sens et de nous-mêmes, vous paraît peut-être impossible. Peut-on vivre, direz-vous, de cette sorte? Peut-on renoncer à ce qui plaît? On vous dira de là-haut [1] qu'on peut quelque chose de plus difficile, puisqu'on peut embrasser tout ce qui choque. Mais pour le faire, direz-vous, il faut aimer Dieu; et je ne sais si on

[1] Mme de la Vallière était à une grille haute avec la Reine.

peut le connaître assez pour l'aimer autant qu'il faudrait. On vous dira de là-haut qu'on en connaît assez pour l'aimer sans bornes. Mais peut-on mener dans le monde une telle vie? Oui, sans doute, puisque le monde même vous désabuse du monde; ses appas ont assez d'illusions, ses faveurs assez d'inconstances, ses rebuts assez d'amertume; il y a assez d'injustice et de perfidie dans le procédé des hommes, assez d'inégalités et de bizarreries dans leurs humeurs incommodes et contrariantes; c'en est assez sans doute pour nous en dégoûter... »

Enfin, il ne faut point oublier qu'une princesse du sang royal, une fille de Louis XV, vint ensevelir dans les solitudes du Carmel tous les honneurs qu'elle tenait de sa haute naissance. Mme Louise de France prit le voile aux Carmélites de Saint-Denis, sous le nom de *Térèse de Jésus de Saint-Augustin;* et, pendant dix-sept ans, édifia sa communauté par son zèle pour la règle et pour les bonnes œuvres.

A l'époque de la révolution de 1789, les Carmélites furent enveloppées dans la proscription générale lancée sur tout ce qui se rattache à la religion. Mais, lorsque ces jours mauvais furent passés, elles reparurent avec le même esprit de pénitence et de charité, s'offrant et priant pour le monde ingrat qui les avait méprisées et persécutées.

Dieu, regardant la terre, a dû lui pardonner beaucoup, en faveur de ces chœurs de vierges rassemblées en son nom, et qui brûlent vers lui un encens toujours allumé; en faveur de ces épouses de son divin Fils dont les bonnes oraisons et les actions touchantes le supplient à toute heure. Il aime tant qu'on désarme sa justice! La prière et le sacrifice seront toujours, dans les vues de Dieu, le salut du monde.

Mais notre siècle si vain, si préoccupé de ses intérêts matériels, lui qui concentre toute sa sollicitude sur les machines et sur les usines qu'elles font mouvoir, lui qui veut, avant tout, savoir ce que doit lui rapporter chaque chose, comprend-il ce qu'il y a à gagner pour lui dans ces retraites sacrées ouvertes à la vertu, à l'innocence et au dévouement? Est-il rien cependant de plus admirable, de plus merveilleux, comme leçon donnée au monde et comme réparation, que cette vie solitaire et mortifiée, que cette existence nourrie de privations, volontairement humiliée, en quelque sorte anéantie? Ceux qui ne la comprennent pas, cette leçon, marchent dans des sentiers ténébreux que n'éclaire pas le flambeau de la foi; c'est pourquoi leur esprit ne peut concevoir tout ce qu'il y a de consolateur et d'hospitalier dans les asiles du Carmel. Il n'en est pas de même pour ceux dont le cœur est vivifié par le sentiment religieux ; ils voudraient voir partout s'établir ces saintes maisons où se reproduisent tous les jours les triomphes que la religion obtient sur la nature, d'où montent vers le ciel d'humbles prières, qui attirent sur les hommes tant de grâces puissantes.

Réjouissons-nous que la Providence nous ait dotés d'un bon nombre de ces monastères où nous pouvons reconnaître, admirer, vénérer, tout ce qu'il y a d'héroïsme dans la vie dont nous venons d'ébaucher le touchant tableau. Heureux ceux à qui il a été donné de pénétrer le secret de cet héroïsme religieux !

Avant de finir, nous voulons encore faire remarquer, que si les filles de sainte Térèse s'interposent, pour ainsi dire, entre Dieu et les hommes, comme des victimes innocentes qui consentent à expier les égarements de la multitude, elles sont toujours ce qu'elles furent autrefois dans notre patrie, de véritables mères, anges de bon conseil, au cœur compatissant. Les jeunes filles, les femmes vivant au milieu du monde ne connaissent pas toujours l'importance de leur mission dans la famille ; elles comprennent rarement comment elles pourraient contribuer à sauver la société. Qu'elles viennent auprès d'une Carmélite, qu'elles entretiennent des relations intimes avec cette pieuse Solitaire ; elles seront bientôt convaincues que leur existence séculière peut bien n'être pas insignifiante et vide; il leur sera montré quel bien on peut faire au milieu des situations les plus difficiles, à force d'abnégation, de charité et de patience. Elles en concluront qu'il n'y a qu'une seule chose grande, désirable en ce monde, c'est le sacrifice de soi-même. Que si Dieu veut un jour dissiper, par la souffrance ou le malheur, des illusions qu'on aime trop à se faire, c'est avec ces âmes fortes et généreuses qu'on trouvera l'énergie d'une volonté affaiblie par la mollesse et la frivolité, un courage et une résignation qu'on n'avait pas. Ce que nous disons ici n'est que la révélation de faits qui s'accomplissent fréquemment près de nous, et qui ne seraient pas démentis par telle mère, par telle épouse infortunée, auxquelles nous faisons allusion.

Publions de même que, dès l'époque de leur fondation au Mans, les bonnes Carmélites, touchées de l'état de délaissement et d'abandon dans lequel se trouvaient les enfants pauvres des campagnes qui les environnent, ouvrirent des écoles gratuites. Elles crurent contribuer à la gloire de Dieu et rendre service à la société, en joignant à la fin et aux devoirs de leur vocation, l'œuvre si éminemment chrétienne de secourir et d'élever de petites indigentes; ce qu'elles font avec zèle et intelligence, pour près de cent enfants de tous les âges, sans abandonner jamais celles qui ont grandi, et qui continuent de réclamer leurs soins. Le bien qui est résulté de leur dévouement, les avantages que beaucoup de familles en ont retirés, les indemnisent seuls des sacrifices qu'elles ont dû s'imposer et qu'elles s'imposent encore tous les jours dans cette vue.

Comment ne pas apprécier à leur haute valeur de pareilles œuvres? En faut-il davantage pour nous encourager nous-même à faire appel à la charité des catholiques, en faveur d'une Communauté qui possède maintenant des lieux réguliers, et une gracieuse chapelle, objet de ses vœux les plus ardents, mais à la dure condition d'en rester long-temps nécessiteuse? Nous savons les obligations difficiles que les pieuses filles de sainte Térèse ont contractées dans cette circonstance; nous prévoyons que beaucoup de nouvelles souffrances viendront augmenter celles qu'elles ont acceptées volontairement, en esprit d'immolation. C'est pour cela que nous disons à nos lecteurs en finissant: Faites une aumône aux Carmélites, en vue du monastère et de l'église qu'elles ont bâtis, presque sans autres ressources, sans autres fonds que leur foi, ainsi que nous l'avons fait observer plus haut; donnez, riches, et vous, pauvres, donnez aussi! Aux yeux de Dieu, l'intention fait le prix des offrandes, quelque modiques qu'elles soient.

Quoi de plus digne de la piété chrétienne que de s'associer aux bienfaiteurs d'une sainte maison, où Dieu a mis en réserve des âmes qui sont unies à la société tout entière par une ardente charité ; que d'apporter sa pierre à une église qui retentira le jour et la nuit des louanges du Seigneur, après avoir entendu les supplications de ces vierges médiatrices entre le ciel et la terre ?... Quoi de plus méritoire que d'aider ces pieuses amantes de Dieu et de la solitude, à accomplir leur sublime destinée ?...

Nous avons foi dans notre appel. De nos jours, la charité est féconde, elle enfante des prodiges qui rappellent ceux des meilleurs âges du christianisme... Quand il s'agit de bâtir des monastères et des temples sacrés, s'inspirant de la pensée religieuse de nos pères, qui en élevaient de si grands et de si magnifiques, elle sait prodiguer ses ressources, qu'elle varie presque à l'infini.

O mon Dieu ! est-ce qu'une société qui produit de tels exemples pourrait périr !

Nous apprenons qu'avec l'approbation de Monseigneur l'Évêque du Mans, leur Père et Supérieur, les Carmélites se disposent à offrir à tous ceux qui voudront bien leur venir en aide par une aumône, une lettre d'affiliation perpétuelle à leur saint Ordre. Cette lettre rendra leurs bienfaiteurs participants des actes de religion, de piété, de pénitence intérieure et extérieure, des saints Sacrifices, des Communions, des saints Offices, et généralement de tout ce qui se fait et se fera par le mouvement de l'Esprit de Dieu dans leur monastère.

Précieux échange pour les gens du monde! et quelle heureuse influence peut avoir dans les familles cet acte d'association, cette union de prières!!!

Outre la lettre d'affiliation perpétuelle dont nous venons de parler, les Carmélites prennent les obligations suivantes, pour cinq années, en faveur des personnes qui continueront de leur faire une aumône pendant cinq ans aussi, dans l'intention de les aider à couvrir les frais de leurs bâtiments et de leur église :

1° Tous les ans, une Messe, avec Communion générale, sera dite pour les bienfaiteurs vivants, et une pour les bienfaiteurs décédés;

2° Chaque mois, l'intention d'une Communion générale sera offerte pour les besoins spirituels et temporels de leurs bienfaiteurs.

Le Mans. — Imp. de Julien, Lanier et Cᵉ. — 3111

www.ingramcontent.com/pod-product-compliance
Ingram Content Group UK Ltd.
Pitfield, Milton Keynes, MK11 3LW, UK
UKHW022156190726
13855UKWH00004B/1510

9 782013 043274